हिज्र-ए-लाफ़ानी

सिमर

notionpress.com

INDIA • SINGAPORE • MALAYSIA

ISBN

Paperback ISBN 979-8-90431-545-0

Hardcase ISBN 979-8-90431-546-7

Dedicated to
my mother—my biggest cheerleader,
my inspiration and silent strength,
who instilled in me the courage to follow my dreams.

अंतर्वस्तु

प्रस्तावना

मेरे लिए कविता महज़ शब्दों का सिलसिला नहीं, बल्कि अपने आप से जुड़ने का एक ज़रिया है–अपने ख़यालों को समझने का, अपने एहसासों को पहचानने का, और उस दुनिया को महसूस करने की एक कोशिश, जिसमें मैं जी रही हूँ। इस संग्रह की कविताएँ किसी कल्पनालोक की दास्तान नहीं हैं, बल्कि रोज़मर्रा की ज़िंदगी से निकले उन लम्हों की परछाईं हैं, जिनसे हम सब कभी न कभी गुज़रते हैं।

इनमें मोहब्बत है–मगर वह जो हर बार मुकम्मल नहीं होती; बिछड़ने का एहसास है–जो शोर नहीं करता, बस ख़ामोशी से भीतर उतरता चला जाता है; यादें हैं–जो वक़्त के साथ फीकी नहीं पड़तीं, बल्कि और गहरी होती जाती हैं; और कुछ ऐसे सवाल हैं, जिनके जवाब मिलना शायद ज़रूरी भी नहीं होता।

यह मेरी पहली किताब है, इसलिए हो सकता है कि इसमें तकनीक से ज़्यादा सच्चाई हो और सजावट से ज़्यादा संवेदना। मेरा यह यक़ीन है कि कविता का अर्थ कभी तय नहीं होता–हर पाठक उसे अपने तजुर्बे के साथ पढ़ता है और उसी से वह मुकम्मल होती है।

अगर इन पन्नों में कहीं आपको अपने दिल की कोई बात, कोई ठहराव, या कोई भूली-बिसरी याद मिल जाए...तो समझ लीजिए–यह किताब अपनी मंज़िल तक पहुँच गई।

इसी भरोसे के साथ यह कविता-संग्रह आपके हाथों में सौंप रही हूँ।

1. अज़ाब

ना जाने हर वक़्त
मैं किस अज़ाब[1] में डूबी हुई हूं..

कभी उसकी याद में,
तो कभी उसके ख्वाब में
डूबी हुई हूं।

उसको तो रास आ जाएगी
नयी सी मोहब्बत अब..
और एक मैं हूँ कि बस
माज़ी[2] के गिर्दाब[3] में
डूबी हुई हूं।

चार घड़ी का विसाल[4]
मयस्सर[5] था मुझे इश्क़ में,
उसके बाद तो मत पूछो –
बस हिज्र[6] के तेज़ाब में
डूबी हुई हूं।

---

1 दुख, यातना, कष्ट, रंज और ग़म
मुसीबत, बला, वबाल, जंजाल

2 विगत, गुज़रा हुआ, गुज़श्ता
अतीत, बीता हुआ युग

3 जल के बहाव में वह स्थान जहाँ पानी की लहर एक केंद्र पर चक्कर खाती हुई घूमती है, भँवर, जलावर्त, कलंकुर

4 मिलना, मिलाप, मिलन, मेल, सयोग, निकटता, मुलाक़ात

5 संभव, मुम्किन, मौजूद, हाज़िर, तय्यार

6 प्रेमिका से दूरी, जुदाई, वियोग, विरह, अलग होना

कैसे करते हैं लोग
बार-बार मोहब्बत?

मैं तो एक ज़माने से
बस एक ही शख़्स के
आँखों के तालाब में
डूबी हुई हूं

2. देहलीज़-ए-दिल

बाहें खोले खड़ा है इश्क़,
मेरे दिल की देहलीज़[7] पर...
और उससे नज़रें चुरा रही हूँ मैं।

कहीं आई न हो हवस,
इश्क़ का लिबास पहन कर,
शायद इसी डर से
उस पर ऐतबार[8] करने से
कतरा रही हूँ मैं।

मैं अच्छे से वाक़िफ़[9] हूँ
इश्क़ के फ़ुतूर[10] से भी,
और इसके नासूर [11]से भी।

यही वजह है शायद
कि इसकी बुरी नज़र से
दिल को जैसे-तैसे
बचा रही हूँ मैं।

---

7 चौखट

8 भरोसा

9 परिचित

10 सनक

11 एक प्रकार का घाव जो हमेशा रिस्ता रहता है और कभी अच्छा नहीं होता

3. जुदा

तू जुदा हो के भी
मुझसे जुदा नहीं होता।

कैसे कहूँ तुझसे
कि तेरी याद के बिना
बसर [12]एक लम्हा नहीं होता।

न जाने कहाँ से लाते हैं लोग
बार-बार इश्क़ करने का हुनर,

हमें तो एक ज़माना हो गया है–
एक ही शख़्स दिल से
विदा नहीं होता।

---

12 गुज़ारा, निर्वाह, जीवन-यापन

4. फ़ितरत

मेरी तो बड़ी हसरत[13] है,
तेरे बाद दिल किसी और से लगाने की,
किसी के साथ
हसीन लम्हे बिताने की।

मगर –

तेरी यादें हर बार
मेरे रास्ते में आ जाती हैं।

इनके इरादे और फ़ितरत[14]
दोनों ही नहीं हैं
यूँ तुम्हारी तरह
बीच सफ़र में छोड़ के जाने वाले।

---

13 इच्छा

14 प्रकृति, स्वभाव

5. दरख़्वास्त

सुनो,
तुमसे एक दरख़्वास्त[15] है मेरी,
कि यूँ बार-बार याद मत आया करो।

देखो,
बड़ी मुश्किल से सोया है इश्क़ तुम्हारा
मेरे दिल के अंदर...
यूँ उसे बार-बार मत जगाया करो।

अगर सताना ही है मुझे,
तो देखो कभी बाज़ार में टकरा जाना मुझसे।
यूँ हर रोज़ ख़्वाब में आकर,
मेरी नींदें मत उड़ाया करो।

मुझे और भी बहुत काम है दुनिया में,
यूँ बेवक़्त मेरे ख़यालों में आकर
यार, ध्यान मत भटकाया करो।

सुनो,
मेरी एक दरख़्वास्त है तुमसे,
कि यूँ अपनी यादों के ज़रिए[16]
मेरे दिल पर अब हक़ मत जताया करो।

माना दिल बहुत बुरी तरह से टूटा है,
मगर
इसे भी ख़ुश रहने का हक़ है।

तुम जा चुके हो तो पूरी तरह जाओ,
यूँ मेरे दिल की ख़ुशियों के रास्ते में
मत आया करो।

---

15 प्रार्थना, निवेदन, आग्रह करना, अपील

16 माध्यम

6. याद

यूँ तो दुनिया जीत लेने का
हौसला है मुझ में,

मगर

तेरी यादों के आगे
दिल रोज़ हार जाता है।

7. दग़ा

बहुत बेपरवाह[17] हूँ...
होश-ओ-हवास [18]लापता हैं।

दिल की भी कोई ख़बर नहीं,
चैन-ओ-सुकून भी ख़फ़ा[19] है।

उसके होकर भी, उसके नहीं हैं हम
इस जहाँ की नज़र में...

हाय!
ये कैसी अज़ि‌ज़यत[20] है,
कैसी सज़ा है।

कौन कहता है कि
इश्क़ बहुत ख़ूबसूरत है?

सब फ़रेब[21] है...
झूठ है, दग़ा[22] है!

---

17 ला-परवाह

18 बुद्धि एवं विवेक, चेतना एवं धारणा या ज्ञान, इन्द्रियाँ, सुधबुध

19 नाराज़

20 शारीरिक कष्ट, दुःख, तकलीफ़, यातना

21 छल, कपट, धोखा

22 छल, कपट, धोखा

8. दिल का कारख़ाना

मैंने तेरी यादों से
जी बहलाना बंद कर दिया है।

मैंने दिल की बातों में,
आना बंद कर दिया है।

जिन रास्तों से कभी गुज़रे थे तुम
मेरा हाथ थाम कर,
मैंने उन रास्तों से
जाना बंद कर दिया है।

अब न किसी से मोहब्बत है मुझे,
और न ही नफ़रत है।

कि जहाँ से जज़्बात उमड़ते हैं,
मैंने दिल का वो कारख़ाना
बंद कर दिया है।

9. बरसी

मुझे मालूम है
कि हमारा इश्क़ अधूरा था,
ना-मुकम्मल [23]था।

हाँ,
ये भी मालूम है
कि तुम अब कभी मेरे नहीं हो सकते...

फ़िक्र मत करो,
मैंने ख़ुद को संभाल लिया है।
मैंने दिल को समझा दिया है।

मगर सुनो,
एक छोटी-सी दरख़्वास्त है...

कि कभी-कभार
तुम बस ख़्वाबों में आ जाया करना।
हक़ीक़त[24] में नहीं, तो न सही,
लेकिन ख़्वाबों में
तुम बस मेरे ही रहना।

कभी बाज़ार की भीड़ में
गर मैं दिख जाऊँ,
और नज़रें टकरा जाएँ,
तो मुँह मत फेरना मुझसे..
बस...
हल्का सा मुस्कुरा दिया करना।

---

23 जो पूरा न हो, अपूर्ण, अधूरा, जो अभी ख़त्म न हुआ हो, असमाप्त
24 वास्तविकता

कभी गर फ़ुर्सत में
तुमको भी मेरी याद आए,

कभी गर फ़ुर्सत[25] में
दिल में जो दफ़्न[26] कर दिया था हमने,
वो इश्क़ फड़फड़ाए [27],

तो मेरी ही तरह
तुम भी दुनिया से छुपकर
मोहब्बत की बरसी मना लिया करना।

इस दुनिया में नहीं, तो न सही,
हम किसी और दुनिया में
ज़रूर मिलें।
मेरी तरह तुम भी ख़ुदा से
यही दुआ माँग लिया करना।

---

25 ख़ाली समय

26 गाड़ना

27 छटपटाना, तड़पना, बेचैन होना,

10. अच्छा नहीं लगता

तेरा अब भी यूँ
मेरे ख़यालों में आना,
और वो भी बग़ैर इजाज़त आना
अब मेरे दिल को अच्छा नहीं लगता।

ये जो खेलते हो तुम
आज भी मेरे दिल के साथ,
क्यों करते हो?
मुझे अच्छा नहीं लगता।

बंद करूँ जो आँखें अपनी,
तो एकदम से जैसे क़रीब आ जाते हो,
और खोलूँ जो ये आँखें
तो बस ओझल [28]हो जाते हो।
अब बस भी करो ये आँख-मिचौली[29],
बहुत हुआ!
मुझे अच्छा नहीं लगता।

माना कि कभी ये धड़कनें मेरी
तेरी गुलाम हुआ करती थीं,
मगर अब तुम्हारा मेरे दिल पर,
मेरे तसव्वुर[30] पर,
यूँ पहले की तरह हक़ जताना
मुझे अच्छा नहीं लगता।

---

28 गायब

29 आँख मूँदकर छिपने और खोजने का एक खेल

30 ख़याल, कल्पना, ध्यान,

न जाने ये सही है या ग़लत है,
मगर अब यही मेरी हक़ीक़त है
कि कभी जिस मोहब्बत पर
मुझको बेहद गुरूर था,
अब उसी मोहब्बत का याद आना
और रात-रात भर जगाना
मुझे अच्छा नहीं लगता।

मजबूर हूँ कहीं न कहीं
दिल के हाथों आज भी
मोहब्बत है तुमसे,
आज भी...

मजबूर हूँ दिल के हाथों,
दिल को तुम भूले नहीं हो
आज भी...

मगर ऐसा दिल का कहना है।

जहाँ तक मेरी बात है –
अपने दिल का यूँ
तुम्हारे ही होकर रहने का फ़ैसला
मुझे अच्छा नहीं लगता।

11. रूह

तेरी यादों की बिजलियाँ
दिल में जब-जब कड़कती हैं,
क्या बताएँ –
कैसे फिर ये आँखें मेरी
जमकर बरसती हैं।

लाख़ समझाऊँ मैं दिल को
कि अब वो रिश्ता नहीं रहा,
कि तुझे मुझसे
अब वो पहले जैसा इश्क़ नहीं रहा..

मगर ये सरफिरी[31] सी धड़कन मेरी,
जो कमबख़्त आज भी
बस एक तेरा ही नाम जपती है।

जिस्म की प्यास हो गर,
तो बुझा भी लूँ मैं.
मगर बेबस हो जाती हूँ
जब ये रूह मेरी
तेरे इश्क़ के लिए तड़पती है।

---

31 सनकी

12. फ़ैसला

अब जो मुझे छोड़ जाने का फ़ैसला
तुम कर ही चुके हो,
तो सुनो–

जो अपनी यादें
मेरे दिल में भरी हैं तुमने,
ये भी अपने साथ उठा ले जाना।

और ये जो
मेरा कमरा महकता है
तुम्हारी ख़ुशबू से,
ये ख़ुशबू भी अपने साथ
उड़ा ले जाना।

और ऐसा करना–
ये जो दीवारों पर
कुछ लम्हे क़ैद हैं हमारे,
तस्वीरों के रूप में,
इन तस्वीरों को भी अपने साथ
हटा ले जाना।

और वो सब जो मुझको
तुम्हारी याद दिलाए–
तुम्हारी टेढ़ी-मेढ़ी लिखाई वाले
उन सब प्रेमी ख़तों को तुम
जला कर जाना

और वो जो दिल में दर्ज हैं
उन सभी कुर्बत [32]भरे
हसीन लम्हों को
बस मिटा कर जाना

अब जो मुझे छोड़ जाने का फ़ैसला
तुम कर ही चुके हो,
तो सुनो–

देखना,
बाक़ी न रहे इस दिल में
इश्क़ का एक भी क़तरा।

ऐसा करो–
जाते-जाते...
दिल भी ले जाओ ना तुम अपने साथ।

जहाँ से न दे सके ये सदाएँ [33]मुझे,
इसे किसी ऐसी जगह दफ़ना कर जाना

---

32 नज़दीकी
33 पुकार, आवाज़

13. वफ़ादारी

इश्क़ की पाठशाला में
मैंने ये मंज़र[34] अक्सर देखा है –

सनम चाहे बेवफ़ा सही,
मगर उसकी यादों को मैंने
ता-उम्र दिल से
वफ़ादारी निभाते देखा है।

34 दृश्य, नज़ारा, तमाशा

14. तलातुम

चुपके से, हौले से
दिल की देहलीज़ के
पार उतर जाती हैं।

तेरी यादें, ऐ काफ़िर[35] –
दिल के समुंदर में
क्या तलातुम[36] उठाती हैं।

इनसे ज़रा सा सुकून
मेरा देखा नहीं जाता।
हँसी मेरी उड़ा कर
ये आँखों में मेरी
सैलाब[37] ले आती हैं।

मैं भागूँ जब-जब
इनसे दिल को बचा के,
तेरा वो पसंदीदा गीत
ये मेरे कानों में
गुनगुनाती हैं।

तेरी यादों पर अब तो
असर शराब का भी नहीं होता, जानम–
नशे में भी ये हर हसीन चेहरे में
तेरा ही चेहरा दिखाती हैं।

---

35 ख़ुदा को न मानने वाला व्यक्ति, नास्तिक, अधर्मी, अवगाव वादी, इश्वर के अस्तित्व को न मानने वाला.
(लाक्षणिक) जिससे प्रेम किया जाए, माशूक़, महबूब

36 तूफ़ान,

37 बाढ़, जलप्लावन, पानी का चढ़ाव, नदी में जल स्तर बढ़ना, पानी का तेज़ बहाव, पानी का तूफ़ान

चलो,
जैसी भी हैं तेरी यादें,
वफ़ादार तो बहुत हैं।

चाहे मुझको सताती हैं,
चाहे दिल दुखाती हैं,
मगर ये मुझसे मिलने
हर रोज़ आती हैं।

15. मैंने सब संभाल रखा है

तुम्हारी घड़ी जो टूट गई थी,
तुम्हारा वो रुमाल जो खो गया था,
तुम्हारा वो फ़ेवरेट कॉफ़ी मग,
तुम्हारी कुछ टी-शर्ट्स,
और तुम्हारी बेहिसाब
और बेहद क़ीमती तस्वीरें–
मैंने सब संभाल रखा है।

मुझको मालूम है कि अब तुम
कभी लौट कर नहीं आओगे,
मगर तुम्हारा नंबर मैंने
आज भी स्पीड डायल पर रखा है।

दुनिया के लिए तू और मैं
अब अजनबी सही।
हाँ, ये अलग बात है
कि दिल पर अपने हमेशा के लिए
मैंने तेरा नाम गुदवा[38] रखा है।

तुम मेरी लकीरों में नहीं –
न सही।
तुम मेरी हक़ीक़त नहीं –
न सही।

मगर क्या तुमको मालूम है–
मैंने अपने ख़्वाबों में,
अपने अशआरों [39]में
तुम्हें अपना बना रखा है?

---

38 (शरीर पर) गोद कर निशान बनवाना
39 छंद, दो या दो से अधिक छंद या शे्र, दोहे

इस दिल में अब
किसी और की जगह ही नहीं,
कि मैंने तेरी यादों से,
तेरे ज़ख़्मों से
दिल के एक-एक कोने को
सजा रखा है।

ज़िंदगी को मेरी
आज़ाब बना रखा है,
तेरी यादों ने
दिल में बवाल मचा रखा है।

अब ज़ख़्म-ए-इश्क़
किस-किस से छुपाएँ?
कब तक यूँ
झूठा-झूठा सा मुस्कुराएँ?

तू क्या जाने –
कैसे पलकों पे अपनी
मैंने एक सैलाब थमा रखा है।

मोहब्बत अधूरी सही,
मगर एक ही बार हुई थी –
और तुमसे हुई थी।

ऐसी शिद्दत[40] से मोहब्बत
किसी और से हो?
नामुमकिन!

कि मेरे दिल को तुमने आज भी
अपना शागिर्द[41]बना रखा है।

---

40 अधिकता, तीव्रता

41 दास, दासी, मुलाज़िम, नौकर, चाकर

16. दिल के सौदे

कुछ रिश्तों के नाम नहीं होते,
कुछ जज़्बातों [42]के इज़हार
सरे-आम [43]नहीं होते।

आँखें करती हैं बातें,
और दिल का क़रार ले जाती हैं।
दिल के सौदों के चर्चे
यूँ सरे-बाज़ार [44]नहीं होते।

ख़ता वो करे,
सज़ा भरे कोई,
ज़ख़्म वो खाए,
दर्द सहे कोई।

ये दिल की दुनिया में
ऐसा ही होता है, जानाँ–

क़ैद हो जाते हैं जो एक बार,
फिर कभी रिहा नहीं होते।

---

42 भावनाएँ, ख़यालात, विचार, एहसासात

43 सब के सामने

44 बीच बाज़ार में

17. सफ़र-ए-ज़िंदगी

यह तवील[45] सफ़र-ए-ज़िंदगी
मुझको तन्हा ही तय करना है।

हर बाहरी, अंदरूनी जंग से
मुझको अकेले ही लड़ना है।
टूट कर, बिखर कर, मुझको
फिर से उठ कर संभलना है।

किसी से सहारे की अब मुझको
कोई उम्मीद-ओ-तवक़्क़ो[46] नहीं है।

हर गहरे से गहरा ज़ख़्म भी अपना,
मुझको मरहम से ख़ुद ही भरना है।

किसी जज़्बाती हमले का
जिस पर असर न हो–
मुझको दिल अपना
कुछ इस क़दर पत्थर करना है।

---

45 लंबा

46 उम्मीद और अभिलाषा

18. नासूर

मुझ पर यूँ
हक़ जताने का हक़
अब खो चुके हो तुम।

पहले कभी
मेरी जान हुआ करते थे,
अब अनजान हो चुके हो तुम।

तुम्हें भूलना
इस दिल को मगर
फिर भी गवारा[47] न होगा।

नासूर जिसका रवाँ[48] है
आज भी मेरी हर रग में–

हाय, वो ज़ख़्म
ला-इलाज[49]हो चुके हो तुम।

---

47 सहने लायक
48 प्रवाहमान, बहता हुआ
49 जिसका इलाज न हो सके

19. गुनहगार

जिस-जिस को अपना माना है
सब ने दिल को बहुत तड़पाया है यहाँ।

अपना गुनहगार समझ कर–
अब किस-किस को बर्बाद करूँ?

20. तसव्वुर

ये जो मेरे तसव्वुर में
तुम्हारा ख़याल घर कर रहा है,

मेरे अक्स[50] के
हर ज़र्रे[51] को ज़ब्त[52] कर रहा है –

ये इश्क़ है,
या मर्ज़[53] है कोई?

ये जो वक़्त-बेवक़्त[54]
हँसते हैं लब मेरे,

ये जो बेवजह
अश्क़ आँखों से बहते हैं मेरे–

ये इश्क़ है,
या दर्द है कोई?

ये जो अजीब-सा सुकून
तेरे साथ होता है,

ये जो तेरे बिना अब
ख़ालीपन का एहसास होता है–

---

50 छाया-चित्र या शबीह जो पानी या शीशे आदि में दिखाई दे
51 किसी वस्तु का बहुत छोटा टुकड़ा
52 सहनशीलता, बर्दाश्त, धैर्य
53 रोग
54 किसी भी समय

ये इश्क़ है
या ख़्वाब है कोई?

ये जो तेरे तीखे अल्फ़ाज़[55]
मुझे काँच-से चुभते हैं,

ये जो तेरे ज़ख़्म
आज भी दुखते हैं–

ये इश्क़ है
या आज़ाब है कोई?

एक बढ़ जाए ज़िंदगी में
सब वादे भूलकर,

एक जी रहा है ज़िंदगी
यादों की दुनिया में
वही जुदाई वाले मोड़ पर–
ये भी भला बात है कोई?

---

55 अर्थपूर्ण ध्वनियाँ जो बोली और लिखी जाएं, जो कुछ मनुष्य की ज़बान से निकले, शब्दसमूह, बोल, बात

21. कारोबार

सच्चे इश्क़ में
बस वो एक चेहरा
तसव्वुर में बेशुमार[56] होता है।

ये जो हर हसीन चेहरे पर
दिल फिसल जाता है–
ये इश्क़ के नाम पर
हवस का कारोबार होता है।

22. दिल का जहाँ

यूँ कहने को तो
मुझसे जुदा हो तुम,

मगर न होकर भी
जो हर जगह होता है–

मेरे दिल के जहाँ के
वो ख़ुदा हो तुम.

---

56 अनगिनत

23. नई-सी मोहब्बत

तेरे लिए
मेरे इश्क़ की
कोई इंतिहा[57] नहीं।

कि तेरे
वही पुराने चेहरे-ओ-अदा [58]से

हर रोज़
एक नई-सी मोहब्बत करती हूँ मैं।

24. वजूद

हालात कैसे बताऊँ तुम्हें इस दिल की–
तू ही है मेरे जीने का वजूद,[59]
और तुझ पे मर-मिटने को
जी चाहता है।

---

57 सीमा

58 ढंग, अंदाज़,

59 अस्तित्व

25. सूद समेत

मिलने आओ न कभी मुझसे,
कि तेरे दिए आँसू
तुझे सूद[60] समेत
लौटाना चाहता हूँ मैं।

रहें न याद
तेरे साथ गुज़ारा हुआ
एक भी मंज़र मुझे–
ऐ काफ़िर,
तुझे इस क़दर
भुलाना चाहता हूँ मैं।

26. दास्तान

ज़रा रुकता हो
तो तुझे
दिल का एक-एक ज़ख़्म दिखाऊँ,

अब एक रात में
कैसे तुझे ये
लंबी दास्तान[61] सुनाऊँ!

---

60 ब्याज
61 लंबी-चौड़ी कथा

27. सूखे गुलाब

सूखे गुलाब,
पुराने ख़त,
और आख़िरी पन्ने पर
दो नाम छुपाए बैठी हैं।

धूल से लथपथ
वो पुरानी किताब मेरी,

अपने पन्नों में
मेरी अधूरी-सी मोहब्बत के
गहरे राज़ छुपाए बैठी है।

28. दरमियान

ये तो मालूम नहीं
कि तुम मेरे क्या लगते हो,
मगर तुम्हारे साथ वक़्त बिताना
अच्छा लगता है।

कुछ ज़्यादा वक़्त नहीं हुआ
इस अनकहे रिश्ते को,
मगर न जाने क्यों
ये रिश्ता बड़ा अपना
और सच्चा लगता है।

लगता तो
कुछ इश्क़ जैसा है–
ये जो भी है तेरे-मेरे दरमियान,[62]
अच्छा लगता है!

---

62 बीच में

29. शुक्रगुज़ार

शुक्रगुज़ार हूँ तेरी मोहब्बत का–
दुनिया के रंग हज़ार दिखा गई।

मैंने सोचा था
मिलेगी गुलाबों की सेज[63] मोहब्बत में,
ये तो काँटों का हार थमा गई।

निकला था सुकून की तलाश में,
ये तो बची-खुची नींद उड़ा गई।

चलो,
दिल का तो ख़ैर
जो हुआ, सो हुआ–
इसी बहाने
थोड़ी-बहुत शायरी आ गई।

---

63 फूलों का बिस्तर

30. फिर भी

आँखों में
ग़म का सैलाब थमा रखा है,
होंठों पे तुझसे नफ़रत का
पैग़ाम[64] सजा रखा है।

न तेरी जुस्तुजू[65] है,
न आरज़ू [66]है तेरी,
ऐ काफ़िर–

फिर भी न जाने क्यों
दिल में तेरी मोहब्बत का
चराग़[67] जला रखा है।

तेरी सूरत[68] का
कभी दीदार[69] न करूँगा–

टूटे दिल से
ये वादा तो कर रखा है।

फिर भी
न जाने क्यों आज भी
तकिये के नीचे
तेरी तस्वीर को छुपा रखा है।

---

64 किसी को किसी के द्वारा भेजा जाने वाला संदेश या समाचार,
65 खोज, तलाश
66 इच्छा
67 दिया
68 चेहरा
69 दर्शन

इस ज़िंदगी में
तू कभी मेरा न होगा–
इस बात का
इल्म [70]है दिल को,

मगर फिर भी
न जाने क्यों
तुझे अपनी शायरियों में
अपना बना रखा है।

---

70 जानकारी

31. सोचता हूँ कभी-कभी

सोचता हूँ कभी-कभी–
क्या तुम भी मेरे बिना
तन्हा महसूस करती होंगी?

क्या तुम भी
जब सर्द हवाओं में ठिठुरती होगी,
तो मेरे तोहफ़े में दी गई
स्वेटर पहनी होगी तुमने?

जब अँधेरे में
तुम डरती होगी,
तो अब किसकी कलाई
पकड़ी होगी तुमने?

जब कभी रो-रो कर
तुम्हारी आँखें सूज जाती होगी,
तो अब किसकी कमीज़
भिगोई होगी तुमने?

जितनी भी यादें तुमने
सब तस्वीरों में समेट रखी थीं,
क्या वो सब तस्वीरें भी
जला दी होगी तुमने?

जो वफ़ा के वादे
तुम मेरे साथ किया करती थीं,
वो सब तो निभाने में
नाकाम रही तुम–

मगर क्या अब
उस शख़्स के साथ
मोहब्बत निभाई होगी
तुमने?

32. इख़्तियार

नज़रें हैं जिन्हें
तेरे दीदार का
इंतज़ार रहता है,

धड़कन-ए-दिल [71]है
जिसे फ़क़त[72]
तेरा ही ख़याल रहता है।

मुझमें अब
जैसे मैं ज़रा भी न रहा,
मेरी हर साँस पे
बस एक तेरा ही
इख़्तियार [73]रहता है।

कुछ इस क़दर ज़ब्त किया है
तेरे इश्क़ ने मेरा दिल,
कि अब तू न हो जो पहलू [74]में,
कमबख़्त बड़ा बेकरार रहता है।

जाने किस घड़ी
पाला पड़ गया था मेरा
इश्क़ की बला से,
कि अब तो ये आलम[75] है–

---

71 दिल की धड़कन

72 सिर्फ़

73 काबू

74 पास

75 हालत

जिस्म मेरा है,
मगर अक्स तेरा है,
जो ख़ाना-ए-दिल [76]में
मेरे बेशुमार रहता है।

---

76 दिल का घर

33. शिद्दत

कुछ इस क़दर उससे मोहब्बत की थी,
उसके लिए यूँ ज़माने से बग़ावत[77] की थी।

कुछ ऐसी शिद्दत थी उस इश्क़ में,
जिस धड़कन में न उसका नाम पाया,
दिल की हर उस धड़कन से
अदावत[78] की थी।

यूँ तो बेख़बर हूँ अब
दिल के शहर से,
कभी इश्क़ की गलियों में
दिल की दुनिया बरबाद की थी।

---

77 किसी के खिलाफ़ खड़ा होना

78 दुश्मनी

34. ज़रूरी नहीं समझा

मैंने इश्क़ किया,
और बेहद इश्क़ किया,
मगर उसको जताना[79]
ज़रूरी नहीं समझा।

दिल का एक-एक टुकड़ा
उसके नाम से भरा हुआ है,
मगर ये मंज़र
कभी उसको दिखाना
ज़रूरी नहीं समझा।

मुझको मालूम था
मेरे ऐब[80]
उसके इश्क़ पर हावी हो जाएँगे,

सो इस बार
जब वो रूठा मुझसे
मैंने उसको जाने दिया।
हाथ दिल पर रख लिया अपने,
उसकी तरफ़ हाथ बढ़ा कर
उसको मनाना ज़रूरी नहीं समझा।

हर इश्क़ दुनिया को दिखाई दे–
ऐसा नहीं होता।

---

79 बताना, बयान करना, खबर देना, स्पष्ट रूप से सूचित करना,
80 ख़राबी, दोष, बुराई

मैंने अपने अशआरों में,
अपनी दुआओं में
उसे हमेशा याद किया है,
और बेहद याद किया–

मगर आदतन[81]
उसको बताना
ज़रूरी नहीं समझा।

---

81 स्वाभाविक रूप से, आदत के अनुसार

35. जागीर

तुम में
और रात की चाँदनी में
कोई ख़ास फ़र्क़ तो नहीं।

हर कोई
दीदार करता है उसके नूर का,
उसको अपनी जागीर[82] मान कर–
और वो
तुम्हारी हो कर भी
सिर्फ़ तुम्हारी नहीं होती।

---

82 वह चीज़ जो क़ब्ज़े में हो या जिस पर विजय प्राप्त किया गया हो

36. दुआ

माना
कि हम और तुम
अब जुदा हैं –

मगर एक बात कहूँ यार तुमसे?

मोहब्बत तुमसे
आज भी बेशुमार है,बेपनाह[83] है।

माना कि मुझको
मोहब्बत जताना नहीं आता,
इसका मतलब ये तो नहीं
कि मुझको
प्यार निभाना नहीं आता।

तुम जहाँ भी हो,
मुस्कुराते रहो बस–

यही चाहत है मेरी
और यही दुआ भी।

तुम्हारी क़सम,
इससे ज़्यादा
मुझे ख़ुदा से
कुछ माँगना नहीं आता!

---

83 बहुत ज़्यादा

37. मात

मुद्दतों[84] बाद
कल उनसे बात हुई।
क्या बताऊँ मैं –
कैसे दिल की बंजर ज़मीन पर
फिर जमकर बरसात हुई।

मेरे सब वहम
एक पल में चकनाचूर हो गए–
उन्होंने कहा एक "हैलो"
और उफ़!
यहाँ दिल की जो हालत हुई।

पहले दिल की धड़कनें
चलती नहीं थीं,
बस एहसान करती थीं;
मगर एक आवाज़ क्या सुनी,
मेरे कमबख़्त दिल ने
ऐसे भागना शुरू किया–जैसे
न जाने क्या वारदात हुई।

ख़ाक भुलाया है
ऐ दिल, तूने उन्हें–
हर एक लम्हा तो तुझे
ऐसे याद है उनके साथ बिताया हुआ,
जैसे कल ही तेरी उनसे मुलाक़ात हुई।

मैंने सोचा था–
इश्क़ से जीत गए हैं आख़िरकार!
दिल मेरा मुस्कुराया और बोला,
अफ़सोस–
फिर से मात[85] हुई!

---

84 लम्बे समय तक

85 हार

38. मंज़र

जितनी ज़िद्दी
उसकी यादें हैं,
जो दिल में बसी बैठी हैं–

काश!
वो भी इतना ही ज़िद्दी होता,
तो आज
मंज़र ही कुछ और होता!

39. चाँद

जैसे रात अधूरी है चाँद के बिना
ठीक वैसे ही
मेरा दिल भी अधूरा-सा है
तेरी याद के बिना।

ज़िंदगी बड़ी बे-मक़सद[86]सी लगती है
मुझे अब कुछ भी अच्छा नहीं लगता
तेरे साथ के बिना।

---

86 लक्ष्यहीन, उद्देश्यहीन

40. दिल-ए-बरबाद

लबों पर मुस्कान,
आँखों में तूफ़ान लिए हुए–
ये कहाँ जा रहे हैं हम
दिल-ए-बरबाद लिए हुए?

41. वसीयत-ए-दिल

पूछे मुझसे कोई
कैसी होती है ये
एक-तरफ़ा इश्क़ की सज़ा?

कि उसको ख़बर भी नहीं
मेरे होने या न होने की,

अपनी वसीयत[87]-ए-दिल
जिसके नाम
मैं किए जा रहा हूँ।

---

87 वारिस संबंधी लिखित आदेश

42. मासूमियत

तुम मानो या न मानो,
तुमको भुला चुका हूँ।

तेरे नक़्श-ए-पा[88]
अपने दिल से मिटा चुका हूँ।

जिन्हें बेहद उम्मीदें थीं
तेरे लौटने की,
उन सभी परिंदों को
बाम [89]से उड़ा चुका हूँ।

तुझसे, तेरी यादों से
मरासिम[90] नहीं कोई–
उल्फ़त [91]के गलियारों[92] से
बहुत दूर आ चुका हूँ।

अब दिल नहीं
सीने में जैसे पत्थर धड़कता है,
जज़्बातों को
बाहर का रास्ता दिखा चुका हूँ।

तेरे आने से पहले
जो मोम-सा पिघलता था मैं,
तेरे जाने के बाद
उस हस्ती[93] को दफ़ना चुका हूँ।

---

88 पैर का निशान

89 छत

90 बाहमी मेल जोल, ताल्लुक़ात

91 प्रेम, स्नेह

92 तंग रास्ता

93 अस्तित्व

मेरी तल्ख़ी[94] के चर्चे भी
अपनी जगह सही हैं, लेकिन–
वो भी मैं था
जो तेरी हँसी पे सब लुटा चुका हूँ।

मेरी कोशिश थी
कि अपना बचपना ज़िंदा रखूँ,
मगर अफ़सोस–
अब मैं भी मासूमियत गँवा चुका हूँ।

---

94 कड़वाहट, अप्रसन्नता

43. भ्रम

ये जो हम सोच रहे हैं,
ग़लत है बिल्कुल–
तुम्हें भी हमसे बेशुमार मोहब्बत है,
ये ज़रूर हमारा भ्रम[95] होगा।

95 गलतफहमी

44. मरम्मत

तेरे जाने के बाद
किसी से मोहब्बत न हुई।
लाख चाहा दिल ने मगर,
तुझसे नफ़रत भी न हुई।

यूँ तो दिल-ए-वीराँ[96]
फिर से बसाया भी जा सकता था,
मगर, तेरी यादें कभी दिल से
रुख़्सत[97] न हुईं।

ऐसा भी नहीं है
कि तेरे बिना मर रहे हैं हम–
साँसें तो चलती हैं,
हाँ मगर तेरे बिना जीने की
आदत न हुई।

तेरे होने-न होने से
मुझे अब कोई फ़र्क़ नहीं पड़ता–
दिल का ये दावा अपनी जगह है,
पर तेरे शहर में क़दम रखने की
मेरी आज तक कभी
जुर्रत[98] न हुई।

---

96 उजाड़, विनष्ट, तबाह अथवा सुनसान

97 कहीं से चलने के समय विदा होने की क्रिया या भाव

98 हिम्मत

इश्क़ जब मेहरबान हुआ,
तो इससे बड़ी राहत कोई न थी;
जब इमारत[99]-ए-दिल
तोड़ने पर आया तो फिर
मरम्मत[100] न हुई।

दिल तो चाहता है तुझे बद्दुआ दूँ,
यूँ तुमको सज़ा देने की
हिम्मत न हुई।

---

99 दुकान या कोई निर्माण जिसमें दीवार और छत सम्मिलित हों
100 टूटी चीज़ों को ठीक करना

45. सिलसिला

अधूरी-सी मोहब्बत में
ये सिलसिला[101] चलता रहा,
वो था बेख़बर,और मैं
जलता रहा।

46. शीशा-ए-दिल

बात जिस्म की होती
तो शायद मिटा भी देता मैं,
पर तूने
अपने वार से मेरी रूह पर
निशान छोड़े हैं।

चाहे जितनी भी कोशिश करूँ मैं,
समेट नहीं पाता हूँ–
कमबख़्त,तूने शीशे दिल के
इतनी शिद्दत से तोड़ें हैं।

101 एक के बाद एक चलते रहने वाला क्रम;

47. फ़ितूर

मेरी रगों में बहता
नासूर हो चली है,

मगर मोहब्बत तेरी
अब मेरा फ़ितूर हो चली है।

48. उसूल

जीवन के कुछ उसूल[102]बनाए चल,
अच्छे गुण अपनाए चल,
बुरे गुण ठुकराए चल।

आए चाहे जितनी मुश्किलें
ज़िंदगी की राहगुज़र में,
अपने सपनों की तरफ़
क़दम बढ़ाए चल।

उछाले कोई
जो तेरे दामन पर कीचड़,
तू कीचड़ में अपनी
शख़्सियत[103] के कमल खिलाए चल।

नफ़रत का अगर
कोई पैग़ाम भी दे,
तू मोहब्बत के गीत
गाए चल।

ज़िंदगी के खट्टे-मीठे सफ़र में,
कुछ हसीन यादें कमाए चल।

---

102 सिद्धांत; नियम
103 व्यक्तित्व

49. इश्क़

मेरा इश्क़ वो कहानी है
जिसे याद रखने को
दिल नहीं करता,

और भूलना
मेरे बस में नहीं है।

50. दिल का जनाज़ा

मत पूछ कैसे
तेरी यादों को
दफ़ना के आए हैं,

धड़कते हुए दिल का
जनाज़ा[104]उठा के आए हैं।

बेवजह के जज़्बात सारे,
आधे-अधूरे सब वादे तुम्हारे–
इन सब को आज
गंगा में बहा कर आए हैं।

चाहे कुछ भी हो,
मैं तेरे इश्क़ से मुकर[105] जाऊँगी,
क्योंकि अगर ऐसा नहीं किया,
तो शायद
हमेशा के लिए बिखर जाऊँगी।

उम्मीद है–
तुम्हारी आँखों का,
तुम्हारी बातों का
अब मुझ पर असर न हो।
हम अब की बार
तेरे शहर में
दिल को पत्थर बना के आए हैं।

---

104 कफ़न में लपेटा हुआ शव, कपड़े में लिपटी हुई लाश, मुर्दे का ताबूत
105 कह कर साफ़ इनकार करना

तुम्हारा एक लम्स[106]
काफ़ी है यूँ तो
दिल की धड़कनें तेज़ करने के लिए,
पर अब अगर दिल फिसले भी,
तो मैं दिल को तुम्हारे इश्क़ में
गिरने नहीं दूँगी।

क्योंकि इस दफ़ा[107] हम इश्क़ को
बड़ी गहरी नींद में सुला कर आए हैं।

---

106 किसी वस्तु आदि को हाथ से छूने की क्रिया या दशा
107 बारी

अपनी क़िस्मत का इल्ज़ाम
इश्क़ पर क्यों धरना?

वो आया मेरी ज़िंदगी में
तो बहुत कुछ सीखा गया–

हर हाल में मुस्कुराना,
हर दर्द को छुपाना
सीखा गया।

मगर कभी-कभी,
ये भी अक्सर सोचा है मैंने–

कि अगर इश्क़ न होता
तो क्या होता?

क्या ये जहाँ जैसा है
वैसा ही होता?

क्या दुनिया
ज़्यादा हसीन होती,
या हर रंग होते हुए भी
ग़मगीन होती?

मैं लाख ख़फ़ा हूँ चाहे इश्क़ से,
मगर ये होना ज़रूरी है–
किसी न किसी मोड़ पे,
कभी न कभी,
कुछ देर के लिए सही,
दिल का खोना ज़रूरी है।

फिर चाहे अंजाम जो भी हो–

हो सकता है
पुराने ज़ख़्म सिल जाएँ,
और मुमकिन है
नई चोट मिल जाए।

मगर इन दोनों एहसासों का
महसूस होना ज़रूरी है।

और हाँ,
रही बात मेरे इश्क़ की–

उसको भूलना
मुमकिन हो न हो,
मगर मेरे इश्क़ का,
मेरी मोहब्बत का–
जो अब मेरी नहीं रही,
उसका ख़ुश होना
मेरे लिए आज भी
उतना ही ज़रूरी है।

क्योंकि मैंने ख़ुदा से
उसकी ख़ुशी माँगी थी–

मेरे साथ हो
या किसी और के साथ,
उसका ख़ुश होना
मेरे सुकून के लिए
बेहद ज़रूरी है।

मैं लाख ख़फ़ा हूँ चाहे इश्क़ से,
मगर ये होना ज़रूरी है–
किसी न किसी मोड़ पे,
कभी न कभी,
कुछ देर के लिए सही,
दिल का खोना ज़रूरी है।

52. रूह की तलब

ऐसा भी कोई शख़्स
कभी-कभार मिले,

कि जिसके होने से
दिल का खोया हुआ
सुकून-ओ-क़रार [112]मिले।

जिस्म को तो नोचती हैं
बहुत-सी आँखें यहाँ,
जिसको रूह की तलब[113] हो–
कोई ऐसा तो कहीं एक
यार मिले।

---

112 आराम, इतमीनान, सुख, शांति, चैन
113 बहुत तीव्र इच्छा

53. राहगुज़र

सुनो,
तुम इश्क़ की राहगुज़र[114] में
मेरी ग़लतियाँ मत दोहराना।

कभी भूल कर भी
तुम एक ही शख़्स को
अपना सारा जहाँ मत बनाना।

---

114 रास्ता

54. ध्रुव तारा

इश्क़ मुकम्मल नहीं तो न सही,
मगर
हमने तो निभाना है फिर भी...

वक़्त गुज़र रहा है,
गुज़रता जाएगा।

तुझे शायद हमसफ़र[115]
कोई और मिल जाएगा।

मगर हमने तो तेरी यादों को ही
अपना जहाँ बनाना है फिर भी...

क्योंकि बात ऐसी है–
कि तुम मेरे दिल के आसमान के
चाँद नहीं थे।
तुम ध्रुव तारा थे।

तुम बना लो किसी और को
अपने दिल का चाँद–
इजाज़त है तुम्हें।

मेरे ध्रुव तारा तो तुम ही थे,
और तुम ही रहोगे–
फिर भी...

---

115 एक साथ यात्रा करने वाला, (लाक्षणिक) एक साथ जीवन गुज़ारने वाला

55. सूद समेत-2

वो समझते हैं
लौटा कर मेरे तोहफ़े
और ख़त मुझे
कि हिसाब चुकता हो गया।

मगर जो बिताई थीं
रातें तुम्हारी आग़ोश[116] में–

वो रातें भी लौटाओ
सूद समेत,
तो कुछ बात बने...

वो जो
हाथ उठा कर
माँगी हैं दुआएँ

तेरी सलामती के वास्ते,
तेरी हँसी के वास्ते–

मेरी वो दुआएँ भी लौटाओ,
तो कुछ बात बने।

---

116 गोद

56. चराग़री

क्या बताएँ किस क़दर
तेरे बग़ैर
वक़्त बिताया है हमने।

पुरानी किताबों में
पड़े हुए
तन्हा, सूखे गुलाबों को
अपना इकलौता यार
बनाया है हमने।

इश्क़ ने कभी
ऐसे भी रंग
दिखाए हैं अपने–

जिसने वादा किया था
चराग़री[117] का ता-उम्र,

उसी शख़्स[118] से
सबसे गहरा ज़ख़्म
दिल पर खाया है हमने।

---

117 इलाज
118 व्यक्ति

57. नाशाद

अपने सब दर्द-ओ-आँसुओं की चिंगारी से
अपने ख़्वाबों को धुआँ देंगे
हम हर मुश्किल से लड़ के
मंज़िल को पा ही लेंगे।

माना,
वक़्त साथ नहीं है अभी,
दिल का बग़ीचा भी
नाशाद[119] है अभी।

अधूरे-से ख़्वाब
टूटे हुए हैं,
अपने भी मुझसे
थोड़े रूठे हुए हैं।

मगर यक़ीनन, एक दिन–
हर शय[120]-ए-दुनिया
हमारे क़ाबू में होगी,

मगर फ़क़त,
एक सुकून की कमी होगी।

दिन के उजाले में
हम बहुत मशहूर होंगे,

---

119 जो खुश न हो
120 वस्तु

मगर रात के अँधेरों में, जानम,
तेरी यादों में चूर होंगे।

इस उम्मीद में
कि कभी तो
सीने की ये आग बुझेगी,
कभी तो
सुकून की नींद मिलेगी।

कि कब ऐसा दिन आएगा
जब किसी अपने को खोने का
दिल में डर नहीं होगा?

कब मेरे सपनों में
आएँगी बहारें,
और दिल दहला देने वाला
कोई मंज़र नहीं होगा?

58. असर

ये कैसा सैलाब है
जो मेरी आँखों को भर रहा है,

उसकी याद,
उसका ख़याल
मेरे ज़ेहन [121]में घर कर रहा है।

एक ज़माने बाद
मिली मेरी नज़रें उससे,
मगर आज भी ज़हर-ए-इश्क़
मेरे दिल पर असर कर रहा है।

---

121 मन

59. सय्यारे

रात के अँधेरों में आज फिर
तेरे ख़यालों ने मुझे घेरा है।

दिल के किसी कोने में तेरी यादों ने
आज फिर साज़[122]इश्क़ का छेड़ा है।

दुनिया चाहे जो भी कहती रहे,
मुझे मगर यक़ीन है–

हम मिलेंगे फिर
किसी और सय्यारे[123] पर,
किसी और जहाँ में,
विसाल और हिज्र के परे–

जहाँ बिछड़ने का
इम्कान नहीं होगा,
दिल तेरी फ़ुरक़त में
परेशान नहीं होगा।

हम मिलेंगे फिर
किसी और सय्यारे पर।

---

122 आनंद एवं हर्षोल्लास मनाने के वाद्‌य यंत्र, नाच-गाने एवं संगीत से संबंधित वाद्‌य यंत्र (सारंगी, तबला, ढोलक इत्यादि)

123 वह तारा जो एक जगह न रहे बल्कि गतिमान हो, ग्रह, तारा, सितारा

60. खारा पानी

इतने बरस बाद भी
तुझे देखकर
कुछ-कुछ हो रहा है।

ऐसा लगता है –
शायद आज भी तेरा इश्क़
कहीं मेरे अंदर सो रहा है।

मैं समझा था दिल की ज़मीन
अब बंजर हो गई है,
जज़्बातों की बरसात से
अब इसका वास्ता नहीं कोई–

तेरी आवाज़ सुनते ही फिर क्यों
खारा पानी पलकों को
भिगो रहा है?

61. यादों के मकान

लाख मिटाना चाहे कोई
पुराने ज़ख़्मों के निशान,
रह ही जाते हैं।

सैलाब लाख उजाड़ना चाहे
मोहब्बतों के आशियाने,
कुछ पुरानी यादों के मकान
रह ही जाते हैं।

कोशिश मैंने भी की,
कोशिश उसने भी की
ताल्लुक़ तोड़ने की–

कमबख़्त!
दो-चार धागे
हमें जोड़े हुए दरमियाँ
रह ही जाते हैं।

62. साज़िश

हर चेहरे पर यहाँ
एक चेहरा और लगा हुआ है,
अपने मतलब के लिए
दुश्मन भी दोस्त बना हुआ है।

वो जिसने गुलाब बेच-बेच कर
फ़ज़ा [124]महकाई हुई है,
उसका दामन[125] तो देखो–
काँटों से भरा हुआ है।

वो फ़क़त एक शख़्स नहीं है
जो मुझसे जुदा हुआ है,
मेरी हस्ती का एक हिस्सा
उसके साथ विदा हुआ है।

जिसकी दराज़[126] उम्र की
मैंने हर रोज़ मांगी हैं दुआएँ
सुना है वो भी मेरे क़त्ल की
साज़िश में मिला हुआ है।

---

124 हवा, वातावरण, माहौल
125 आंचल
126 अधिक

63. सीख

अपने लबों को
सीना सीख गया है,
अपने ग़मों को
पीना सीख गया है।

वो शख़्स जो कहता था
तेरे बिना मर जाऊँगा–
देख, आज वो भी तेरे बिना
जीना सीख गया है।

64. इज़्तिराब

मैंने चेहरे पर अपने
नक़ाब[127]लगाया हुआ है,
एक दिलकश[128]मुस्कान के पीछे
इज़्तिराब[129]छुपाया हुआ है।

अपनी आँखों से देखा था तुझे
किसी और का होते हुए–
मैं भी अजीब पागल हूँ,
अब भी इश्क़ का अज़ाब
उठाया हुआ है।

तेरी हर बात-ओ-मुलाक़ात
आज भी याद है दो के पहाड़े की तरह–
कोई पूछे अगर तेरे बारे में,
तो कह देता हूँ सब भुलाया हुआ है।

इश्क़ जब बरबाद करने पे आता है,
तो कुछ काम नहीं आता–
दुआ, दवा, हुस्न, शराब–
मैंने सब आज़माया हुआ है।

---

127 अपने को छिपाये रखने के लिए चेहरे पर डाला जाने कपड़ा

128 आकर्षक

129 व्याकुलता, बेताबी

65. साहिब-ए-दिल

वो चला गया है
और वापस भी नहीं आने वाला,
मगर ख़याल उसका
है मुझे रात भर जगाने वाला।

तेरा दिल है गर रेज़ा-रेज़ा[130]
जुदाई के ख़याल से भी,
क़रार[131] मुझको भी कहाँ तेरे बिना
है उम्र भर आने वाला।

सलामत रह तू
और मुस्कुराता रह
ऐ साहिब[132]-ए-दिल सदा–

हमारा क्या है,
बिखरा-सा दिल
और
ना-मुकम्मल इश्क़ के इलावा
कोई नहीं है साथ निभाने वाला।

---

130 चूर-चूर
131 चैन, आराम, राहत
132 मालिक

66. धड़कता हुआ क़ब्रिस्तान

तेरी यादों-ओ-ख़यालों से
बचने का कोई इमकान[133] नहीं।
बहुत कोशिश की मैंने मगर
तुझे भूलना भी आसान नहीं।

तुझे, तेरे इश्क़-ओ-लम्स को
अपने दिल से रुख़सत करने में,
मुमकिन है शायद ज़माने लगेंगे–
तू मकान-ए-दिल में फ़क़त
दो-चार दिन का मेहमान नहीं।

एक वक़्त था कि मेरी मेज़ से
एक किताब भी इधर-से उधर होती थी,
तो बर्दाश्त नहीं होता था।

और आज तेरी बंदगी में
मेरी सारी दुनिया
इधर-से उधर हो गई,
और मेरा ज़रा भी ध्यान नहीं।

बेशुमार यादें,
अनगिनत पशेमानियाँ,[134]
बेइंतिहा मोहब्बत,
और तमाम[135]ना-मुकम्मल हसरतें–
सब दफ़न हैं जिसमें,
मेरे दिल जैसा दुनिया में
कोई धड़कता हुआ क़ब्रिस्तान नहीं।

---

133 संभावना

134 पछतावे

135 सब

67. अनजान

बेहद नादान हैं,
दुनिया की हक़ीक़त से
अनजान है वो।

इश्क़ को खेल समझता है,
हिज्र-ओ-फ़ुरक़त [136]की आफ़त से
अनजान है वो।

झूठी मुस्कुराहटों पर
फिसल जाता है दिल उसका–
चेहरों के नक़ाब के पीछे छुपी
बद-नियत [137]से अनजान है वो।

बड़े नाज़ों से पाला गया है
उसको महलों में,
दहशत-ए-ग़ुरबत [138]से
अनजान है वो।

इश्क़ के मैदान में है अभी नया-नया–
दर्द-ए-तन्हाई की शिद्दत से
अनजान है वो।

---

136 विरह, जुदाई
137 जिसकी नीयत बुरी हो
138 ग़रीबी का भय

68. माया-जाल

रात भी कुछ ज़्यादा लंबी है,
दिल भी कुछ बौखलाया[139] हुआ है।

हिज्र की सर्द हवाओं से होके रू-ब-रू,[140]
ज़ख़्मी-से इश्क़ का हौसला
डगमगाया हुआ है।

कुछ दिल को भी
आदत है मनमानियों की,
और फिर उसकी यादों ने भी
माया-जाल[141] बिछाया हुआ है।

कैसे समझे मुझे कोई
ऐतबार के क़ाबिल?
सुबह जिसे बद-दुआ देने को
दिल चाह रहा था,
रात को उसी की सलामती के लिए
दुआ में हाथ उठाया हुआ है।

किस अहमक़[142] ने फ़रमाया था
इश्क़ ला-फ़ानी[143] है?
अभी हमारा इश्क़
गिन रहा है अपनी आख़िरी साँसों को,
और उसका दिल सुना है,
किसी और पे आया हुआ है।

---

139 होशोहवाश में न रहना
140 आमने-सामने
141 मोह का फंदा
142 बेवक़ूफ़, नासमझ
143 जो कभी खत्म न हो, अनंत,

गर मेहरबान हो बला-ए-इश्क़,
तो ज़मीन भी जन्नत दिखती है–
वरना बरबाद करने पर जब उतरता है,
क्या बादशाह क्या फ़क़ीर,
सबको इसने घाट-घाट का
पानी पिलाया[144] हुआ है।

144 जगह जगह फिर कर तजुर्बा हासिल करना

69. बेजान

तेरे इश्क़ में देख
क्या हालत बनाई हुई है–
बेजान से दिल की हस्ती
तेरी यादों से सजाई हुई है।

70. इमकान

ज़ख़्मी है इश्क़ मगर
अभी जान बाक़ी है।
ज़रा-सा ही सही,मगर
तेरे लौटने का इमकान बाक़ी है

71. यादों की धूल

आज अचानक
मेरे घर के पास वो
सालों बाद दिखा मुझे।

मैं जो इतने वक़्त से
पत्थर बना बैठा था,
उसे देखकर
कुछ तो जैसे चुभा मुझे।

और उस एक लम्हे में,
देखते ही देखते आँखों में
यादों की धूल चली गई–

मैंने लाख रोकना चाहा मगर
आँखें फिर भी बरस गईं।

72. घर

वो करे चाहे लाख मिन्नतें–
अब की बार
हम इश्क़ से मुँह फेर के
गुज़र जाएँगे।

क्योंकि इस बार जो
बिखरी दिल की हस्ती,
तो क़सम ख़ुदा की
हम मर जाएँगे।

यूँ तो कोई धीरे-धीरे
दिल का सुकून बनता जा रहा है,
मगर वो पूछे अगर हमसे,
तो हम साफ़ मुकर जाएँगे।

दुनिया से तंग होकर
इंसान आख़िर घर को जाता है–

घर जैसा इंसान
गर जुदा हो गया,
तो फिर किधर जाएँगे?

73. नायाब

कोई जो पूछे मुझसे तेरा तआरुफ़,[145]
मैं नायाब [146]लिखूँ–

तेरी इक हँसी के बदले
मैं अपने सारे ख़्वाब लिखूँ।

तेरे माथे की शिकन
मुझे ज़हर लगती है–

मेरा बस चले तो अपने नाम
तेरे सारे अज़ाब लिखूँ।

तेरी तारीफ़ करने निकलूँ
तो लफ़्ज़ कम पड़ जाते हैं–

वरना मैं तो तेरे
हुस्न-ओ-किरदार [147]पर
किताब लिखूँ।

कैसे बयान करूँ तुमसे अपना हाल-ए-दिल–
मेरी ज़िंदगी के सियाह [148]आसमान का
तुम्हें महताब[149] लिखूँ।

जिसमें कोई एक बार उतरे
और ता-उम्र उसी का हो के रह जाए–
तेरी आँखों को मैं वो गहरा तालाब लिखूँ।

---

145 परिचय

146 बहुत कीमती

147 सूरत और सीरत

148 काला

149 चाँद

74. हाल-ए-दिल

एक काम भी दिल से
निभाया नहीं जा रहा,
एक इंसान इससे
भुलाया नहीं जा रहा।

दर्द से दिल फटने को आ रहा है,
और चारागर[150] को आवाज़ दे के
बुलाया नहीं जा रहा।

दिल चाहता है टूट जाऊँ,
बिखर जाऊँ उसकी बाँहों में–
कमबख़्त!
हाल-ए-दिल दिलबर को
सुनाया नहीं जा रहा।

ऐ दिल,
कैसे उसकी यादों को
दिल से रुख़्सत करेगा तू?
फ़क़त एक ख़त उसका
तो तुझसे जलाया नहीं जा रहा।

कैसे बसर होगी ज़िंदगी
तन्हा उसके बग़ैर–
एक लम्हा जिसके बग़ैर
बिताया नहीं जा रहा।

---

150 उपचार करने वाला, चिकित्सक

कैसे कहेंगे उससे अलविदा,
कैसे दिल को पत्थर करेंगे–
ये ख़याल भी तसव्वुर में
बिठाया नहीं जा रहा।

वो तो बाँहें फैलाए खड़ा है सामने–
बस मुझसे ही क़दम
उसकी तरफ़ बढ़ाया नहीं जा रहा।

75. आसेब-ए-इश्क़

लाश-ए-दिल सीने में लिए हुए
मुस्कुराना ज़रा मुश्किल होगा।

जिस तरह शामिल हो तुम
मेरे वजूद में,
तुम्हें भुलाना ज़रा मुश्किल होगा।

तुम्हारी एक झलक
क्या सितम[151] ढाती है मेरे दिल की
नाज़ुक धड़कनों पर–
ये बात तुम्हें बता पाना
ज़रा मुश्किल होगा।

जिससे आज भी रौशन है
मेरे दिल का तन्हा सा कमरा,
उसकी दीवार से तुम्हारी तस्वीर
हटाना ज़रा मुश्किल होगा।

यूं तो नींदें ख़फ़ा है
आजकल आँखों से मेरी,
फिर भी गर तुम ख़्वाब में आओ,
मुझे नींद से जगाना
ज़रा मुश्किल होगा।

यूँ तो एक बेहतरीन अदाकार हूँ मैं,
मगर तेरे बग़ैर पुरसुकून[152] होने का
ढोंग रचाना ज़रा मुश्किल होगा।

---

151 ज़ुलम
152 शांतिपूर्ण

पैर लथपथ हैं ख़ून से,
काँटों से भरे हुए हैं–
सो राह-ए-इश्क़ की तरफ़
फिर से क़दम बढ़ाना
ज़रा मुश्किल होगा।

जो नाम रेत से नहीं, ख़ून से लिखा हो
साहिल-ए-दिल पर,
हिज्र की तूफ़ानी लहरों से
वो नाम मिटाना ज़रा मुश्किल होगा।

अब जा रहे हो तो बस
पीछे मुड़कर मत देखना–
वरना इतनी कसकर
तुम्हें गले से लगाएँगे,
कि मेरी बाँहों के फंदे से
ख़ुद को छुड़ाना ज़रा मुश्किल होगा।

जिस क़दर तुझे चाहा था,
और बेशुमार चाहा था–
यूँ किसी और पर
अपना सब कुछ लुटाना
ज़रा मुश्किल होगा।

गर किसी महफ़िल में हम टकरा गए,
तो मेरी नज़रों से शिकायत मत करना–
तेरी सूरत से, तेरी सीरत से
आँखें हटाना ज़रा मुश्किल होगा।

चल,
मैं तो फिर भी
एक मामूली सा बशर[153] हूँ–

---

153 व्यक्ति

तुझसा मुकम्मल[154]शख़्स
ख़ुदा से भी दुबारा बना पाना
ज़रा मुश्किल होगा।

तेरे बिना जीने तक तो ठीक था,
तेरे सिवा किसी और को
दिल में बसाना ज़रा मुश्किल होगा।

तेरे बिना दिल धड़केगा ज़रूर,
मगर वो शोरिश[155] नहीं होगी–
तेरे बिना उम्र बिताना
ज़रा मुश्किल होगा।

तेरी निशानियाँ, तेरे ख़त–
मेरे मुख़्तसर[156]से इश्क़ की कमाई हैं;
इन्हें जलाना, इन्हें गँवाना
ज़रा मुश्किल होगा।

बड़ी अजीब बात है–
घड़ियाँ विसाल की
हैं फ़क़त मुट्ठी भर,
और हिज्र के लम्हे इतने
कि गिनाना ज़रा मुश्किल होगा।

जो जगह तुम्हारी है
मेरे दिल में, मेरी ज़िंदगी में–
उस मक़ाम[157] पर
किसी और को बिठाना
ज़रा मुश्किल होगा।

---

154 जिसमें ख़राबी न हो

155 पागलपन

156 संक्षिप्त, संक्षेप में लाया हुआ, कम, थोड़ा

157 प्रतिष्ठा, इज्ज़त

पहले तो मैंने कोशिश भी की
कि किसी तरह संभल जाऊँ,
मगर फिर ये जाना
कि आसेब-ए-इश्क़ [158]से
पीछा छुड़ाना ज़रा मुश्किल होगा।

और ये भी एक सच है,
जिससे मुँह नहीं मोड़ा जा सकता–
कि जिस तरह घर कर गया है तू
मेरे अक्स की गहराइयों में,
तुझे मेरी हस्ती से अलग कर पाना
ज़रा मुश्किल होगा।

कुछ ज़ख़्म तो वक़्त के साथ
भर भी जाते हैं,
मगर जिन ज़ख़्मों को
रोज़ कुरेदने[159] की आदत हो–
उन ज़ख़्मों का भर पाना
ज़रा मुश्किल होगा।

तेरी क़ुर्बत के फ़क़त एक ख़याल से
दिल में कड़कती हैं बिजलियाँ–
मेरे लबों पर जब तुम
अपने लब रखोगे,
ख़ुदा की क़सम उस रोज़
मेरा होश में आना ज़रा मुश्किल होगा।

---

158 इश्क़ का साया / इश्क़ का भूत

159 पंजों या चोंच या किसी और नोकदार चीज़ या लक्कड़ी या नाख़ुन से कुछ खोदना

76. ब्लैक एंड व्हाइट

अँधेरों के आदी थे,
तुमने रौशनियों से
रूबरू करवाया।

मेरा पत्थर-सा दिल था ज़िद्दी–
तेरी मोहब्बत की तपिश ने
जिसे पिघलाया।

मैं ख़ुश था ब्लैक एंड व्हाइट
ज़िंदगी से,
तुमने मुझे रंगों से मिलवाया।

77. समुंदर और किनारे

किसने मेरे दिल के अंदर
झाँक के देखा है–
मेरा हाल-ए-दिल अनसुना है,
अनदेखा है।

मुझ पर ये इल्ज़ाम अक्सर लगा है–
सब लोग कहते हैं मेरा दिल पत्थर का है।

मगर दुनिया को दिखाने के लिए
ये पत्थर-दिली का नक़ाब
अच्छा है।

तुम और मैं असल ज़िंदगी में
समुंदर और किनारे की तरह हैं–
जो मिलते तो हैं कई बार,
मगर मिल नहीं सकते।

फिर भी दिल को बहलाने के लिए
ये ख़्वाब अच्छा है।

झूठे लोग, झूठी बातें,
झूठे-से वादे,
और झूठी मुस्कुराहटें–
इन सब का मैं क़ायल[160] नहीं।

मीठे-मीठे झूठ से
तो कड़वा-सा सच
जनाब– अच्छा है।

---

160 प्रभावित होना

78. विसाल के ख़्वाब

इनमें सूखा पड़ा रहा
यूँ तो सालों-साल,
उसको देखकर मगर बरसों बाद
मेरी आँखों में सैलाब आ गए।

तन्हाई में सुकून की आदत भी
जैसे-तैसे पड़ रही थी,
ज़िंदगी अच्छी-ख़ासी
चल रही थी।

मुझे बस यक़ीन होने ही वाला था
कि तुम दिल से रुख़्सत हो गए हो–
और फिर से... तेरे विसाल के
ख़्वाब आ गए।

79. गर्दिश-ए-अय्याम

सालों-साल यही गर्दिश-ए-अय्याम[161] चलता रहा–
वो था बेख़बर, और दिल का मकान जलता रहा।

---

161 समय का लेखा

80. फाँस

दिल में एक दर्द की लहर सी उठी है अभी,
रग-ए-इश्क़ है कहीं जो बेहद दुखी है अभी।
बरसों बाद उसकी नज़रें जब टकराईं मुझसे,
जैसे सीने में एक फाँस [162]चुभी हो अभी।

81. लम्हा

वो शख़्स अब मेरा कुछ लगता तो नहीं है,
मगर इश्क़ इतनी आसानी से मरता भी नहीं है।
कहने को एक लम्हा लगता है
दिल की दुनिया उजड़ने में,
और मैं क़ैद हूँ उस एक लम्हे में–
वो लम्हा गुज़रता ही नहीं है।

82. बला

क्यूँ मुसलसल एक शदीद-सी जलन है सीने में,
ये कोई बला है या तेरी याद दफ़न है सीने में।

---

162 बाँस, बेंत आदि को चीर कर बनाई गई पतली तीली

83. इल्तिजा

मेरी एक इल्तिजा[163] है तुमसे
कि बस
एक आख़िरी बार सही
मेरे ख़्वाब में आना।

अपनी आँखों में
सारी क़ायनात[164] का प्यार समेट कर
एक बार फिर से
मेरे बाल सहलाना।

मुझे तुम्हें एक आख़िरी बार
कस के गले से लगाना है,
वो जिसका इज़हार मैंने कभी नहीं किया
वो सारा इश्क़ तुझ पर है लुटाना।

तुम मेरे मकान-ए-दिल के
आख़िरी मेहमान हो,
ये राज़ हक़ीक़त में तो नहीं
मगर ख़्वाब में ज़रूर है बताना।

मेरी एक इल्तिजा है तुमसे
कि बस एक आख़िरी बार सही
मेरे ख़्वाब में आना।

दिल बेहद ज़ख़्मी और डरा हुआ है
तुझे खोने के डर से,
एक आख़िरी बार सही
अपने हाथों से इन ज़ख़्मों पे
मरहम लगा ना।

---

163 निवेदन, गुज़ारिश, विनती

164 दुनिया

84. ज़ख़्म

एक दर्द मुसलसल [165]है सीने में
जो फाँस की तरह चुभता है,
जिस पर हर दवा है बेअसर–
वो ज़ख़्म अब भी दुखता है।

85. एक झलक

वो एक झलक के लिए तरसना, तड़पना क्या होता है–
जब इश्क़ हुआ, तो मैंने जाना बिखरना क्या होता है।

86. इंतज़ार

मैंने उससे कोई मोहब्बत का दावा तो नहीं किया,
बस इक उम्र गुज़ार दी उसके इंतज़ार में।

---

165 निरंतर, लगातार

87. लाज़िमी

ताज्जुब[166] है कि एक शख़्स
इतना लाज़िमी कैसे हो सकता है,
सुकून-ए-दिल का सबब [167]
फ़क़त एक आदमी कैसे हो सकता है।

88. चराग़

दिल के टूटने का,
दिल के संभलने का
सिलसिला चलता रहा।

जो हुआ सो हुआ–
चराग़ तेरी मोहब्बत का
जलता रहा।

वो एक शख़्स
कुछ इस तरह शामिल था मेरी हस्ती में,
कि उसका ना होना ता-उम्र
फिर दिल को खलता[168] रहा।

---

166 अचंभा, आश्चर्य
167 कारण, वजह
168 कमी महसूस होना

89. तंग करती हैं

दिन तो बीत जाता है,
रातें तंग करती हैं।

जो तुझसे कभी की ही नहीं,
अब वो बातें तंग करती हैं।

जी तो रहे हैं जैसे-तैसे,
मगर तेरे बिन जो ले रहे हैं,
वो साँसें तंग करती हैं।

मासूमियत मर गई हमारी,
इश्क़ भी दफ़ना दिया हमने,
मगर जो मर के भी नहीं मरती,
वो तेरी यादें तंग करती हैं।

जिनका कभी बेसब्री से
इंतज़ार रहता था,
अब वो बिन-मौसम की बरसातें
तंग करती हैं।

90. अनायें

रात के चीखते हुए सन्नाटे,
उसकी यादें, और मैं।

जाने वाले चले गए,
पीछे रह गई बस
उसकी कही हुई बातें और मैं।

उसका क्या है–
कुछ लम्हों के लिए ख़्वाब में आता है,
चला जाता है।
कितनी देर तक सहमा सा रहता है फिर
मेरा दिल, मेरी साँसें और मैं।

क्या मिला हमें, क्या खोया हमने,
कितने ज़ख़्म हिस्से में आए हैं–
अक्सर इस मौज़ू[169] पर
घंटों गुफ़्तगू[170] करते हैं
मेरी वफ़ाएँ और मैं।

कुछ बेहद पोशीदा[171] ज़ख़्म हैं सीने में दफ़्न,
जो किसी को दिखाई नहीं देते।
इस दर्द के राज़दार[172] हैं फ़क़त
मेरे कमरे की, चार दीवारें और मैं।

---

169 विषय, मुद्दा
170 बात-चीत
171 छिपा या छिपाया हुआ,
172 भेद का जानने वाला

जहाँ उसने आख़िरी बार मुस्कुराते हुए
वादा किया था लौट कर आने का,
आज भी वहीं इंतज़ार करते हैं तुम्हारा–हम तीनों,
चाँद, तारे और मैं।

बड़ा मुश्किल है उस एक चेहरे को
देखकर भी अनदेखा करना,
जिसको देखने के लिए बरसों तरस जाएँगी
मेरी आँखें और मैं।

इश्क़ का बेरहमी से क़त्ल करके,
अब एक ही घर में रहकर भी
एक दूसरे से नज़रें तक नहीं मिलते–
मेरी अनायें[173] और मैं।

---

173 अहंकार

91. मकान-ए-दिल

जाने से पहले
वो मुझे बता कर भी नहीं गया,
और तो और
मेरा दिल भी लौटा कर नहीं गया।

लगा गया है रोग ला-इलाज
उम्र भर के लिए,
और चारासाज़ी [174]का रूमूज़ [175]
बता कर भी नहीं गया।

भुलाऊँ भी तो कैसे मैं उस काफ़िर को,
मकान-ए-दिल से वो
अपने निशान भी मिटा कर नहीं गया।

92. सूरत-ए-हाल

इक हक़ीक़त ये
कि वो हमारा हो नहीं सकता,
इक सूरत-ए-हाल ये
कि उसकी याद बिन
अब गुज़ारा हो नहीं सकता।

---

174 चिकित्सा, उपचार, इलाज
175 रहस्य

93. थकन रूह की

बहुत ढूँढा जिसे सालों से,
वो घर नहीं मिला,
टूट कर बिखरने की जहाँ इजाज़त हो,
वो दर नहीं मिला।

छाँव तले जिसकी
दूर हो तमाम थकन रूह की,
बहुत ढूँढा मगर
वो शजर[176] नहीं मिला।

यहीं सोच-सोच के
रात भर करवट लेता रहा दिल,
कैसे बसर होगा सफ़र-ए-ज़िंदगी,
वो इक शख़्स अगर नहीं मिला।

फ़ानी दुनिया की हर शै पर
है यूँ तो दस्तरस[177] मेरी,
बस एक तुझको भूल जाने का
हुनर नहीं मिला।

जो भी मिला है मेरी हैसियत से
कहीं बढ़कर मिला है ख़ुदा से,
नहीं मिला तो बस
एक आसेब-ए-याद-ए-यार [178]से
नजात पाने का मंतर नहीं मिला।

---

176 दरख़्त, पेड़, वृक्ष
177 पहुँच, रसाई, इख़्तियार
178 महबूब की याद का साया

94. दिल-परिंदे

कुछ एहसास
लफ़्ज़ों में बयाँ हो नहीं सकते,
जो दिल में सुलगते तो हैं,
अयाँ [179]हो नहीं सकते।

उनको दिल से रवाना[180] करना
मेरे बस में नहीं,
कुछ लोग चाह के भी
दिल से बे-मकाँ हो नहीं सकते।

कुछ उलझनें गुज़रते वक़्त के साथ
हो जाती हैं और पेचीदा[181],
कुछ मसाइल [182]होते हैं
जो कभी आसाँ हो नहीं सकते।

जिनको आदत लग जाती है
इश्क़-असीरी [183]की,
कोई लाख चाहे फिर वो
दिल-परिंदे [184]रिहा हो नहीं सकते।

---

179 स्पष्ट
180 भेजा जाना
181 कठिन; मुश्किल
182 कठिनाइयाँ
183 इश्क़ में क़ैद हो जाना / बंदी हो जाना
184 दिल के पंछी

95. रास नहीं आएगा

यह दिल अपनी हरकतों से बाज़ नहीं आएगा,
तुम्हें भुलाना दिल को रास नहीं आएगा।

96. सूरत-ए-आवारगी

सूरत-ए-आवारगी [185]में जिस गली गए,
तेरा ही निशान मिला,
तेरे बाद न तुझ-सा कोई भी
जान-ए-जाँ मिला।

97. बेपनाह

हम दोनों को बेशक़ मोहब्बत बेपनाह है,
मगर उसकी और मेरी मंज़िल जुदा-जुदा है।

---

185 बे-मंज़िल भटकने की अवस्था

98. दुश्मन-ए-जान

दुश्मन-ए-जान को भुलाने की
जब-जब मैंने की है कोशिश,
वो कमबख़्त याद आने लगा है
थोड़ा और ज़्यादा।

जो बिछड़ते वक़्त पूछा न जा सका मुझसे,
गुज़रते वक़्त के साथ
वो सवाल सताने लगा है
थोड़ा और ज़्यादा।

99. मरकज़-ए-हयात

वो जो बन के अजनबी सा
गुज़रा है अभी सामने से,
वो मरकज़-ए-हयात [186]था।
कोई मामूली फ़र्द [187]नहीं था वो,
मेरी क़ायनात था।

186 ज़िंदगी का मूल / आधार
187 व्यक्ति

100. सवालात

सुनो,
अगली होली गर फ़ुरसत मिले तुमको,
तो ख़्वाब में आ जाना–
वो क्या है ना कि
तुम्हारे हिस्से का
गुलाल संभाल रखा है।

जो आख़िरी मुलाक़ात के दिन
तुमसे पूछना चाहा था,
वो जो लबों तक आते-आते रह गया,
जिसे हम दोनों के दरमियान की
ख़ामोशी निगल गई,
वो सवाल संभाल रखा है।

जिसका जवाब ढूँढते-ढूँढते
शायद कुछ और साल बीत जाएँ,
वो सवाल जो दिल ने मुसलसल पूछा है–

कि मुझे तुमसे मोहब्बत क्यों है?
और अगर है भी,
तो ऐसी क्या बात है तुझ में
कि आँखें किसी और को
देखना नहीं चाहतीं।

ऐसा क्या ख़ास है तेरे लम्स में?
कि किसी और का मुझे छूना
दिल को गवारा नहीं।

क्यों मेरी उँगलियाँ
किसी और का हाथ थामने
से डर जाती हैं?

जब कभी मिलूँगी तुमसे
तो बात नहीं करूँगी, बस सवाल करूँगी–
वो सवाल जिसका जवाब
शायद तुम्हारे पास भी नहीं है।

जब कभी मिलूँगी तुमसे तो
सूत समेत हिसाब करूँगी
उन सब रात-जगों का
जो तुम्हारे चेहरे को
चाँद में ढूँढने में गुज़ारे हैं मैंने...

और उन सब लम्हों का भी
जो तुझे भुलाने की
नाकाम कोशिश करने में
ज़ाया हुए।

101. दिल का शहर

सबको बहुत उम्मीद है मुझसे
कि कभी न कभी,किसी न किसी रोज़
वो लम्हा ज़रूर आएगा–
जिस दिन मेरे तसव्वुर में,
मेरी यादों में,
तुम्हारा नाम-ओ-निशान नहीं होगा।

कितने नादान हैं लोग!

भला मिट्टी कभी
बारिश का लम्स भूल सकती है–
और वो भी पहली बारिश?

और मैं भूलूँ भी तो कैसे?
ये फ़ैसला सिर्फ़ मेरा थोड़े है।

मेरी उँगलियों के बीच का
जो खालीपन कभी तुमने
अपनी उँगलियों से भरा था,
उस लम्स को आज भी
तरसती हैं मेरी उँगलियाँ।

तुम्हारे कंधे पर जब पहली बार
मैंने हिचकिचाते हुए अपना सर रखा था,
उस लम्हे में जो सुकून था–
उस सुकून के लिए तरस गया है दिल।

तुम्हारी यादों ने
एक उम्र गुज़ारी है
मेरे दिल के शहर में –
मेरा दिल,
मेरा तसव्वुर
और मेरी हस्ती–
सब बेरंग और बेजान हैं इनके बिना।

102. नया साल

थके-हारे दफ़्तर से घर लौटे जब,
और ख़ुद को बेहद तन्हा पाया हमने।

एक पुराने कोट से निकाली
तेरी पुर-शिकन [188]तस्वीर,
और कस के गले से लगाया हमने।

फिर कुछ वक़्त
की तेरी यादों से गुफ़्तगू,
और कुछ वक़्त
तेरे ख़यालों के शहर में
बिताया हमने।

बात जब डूबने तक पहुँच गई
माज़ी [189]के अनगिनत लम्हों में,
एक क़तरा लिए ग़म के समंदर से
और आँखों से बहाया हमने।

वो जिसे तुम दिल कहते हो–
हाँ वही,
जो अब बस एक धड़कता हुआ खंडर है,
उससे पहले जी भर के गिला किया,
और फिर

---

188 जिसमें सिलवटें पड़ी हों

189 गुजरा या बीता हुआ, समय

एक गुलाब जो दिया था तुमने,
जो कि अब मुरझा गया है
ठीक मेरी उम्मीदों की तरह,
वो गुलाब देकर
दिल को मनाया हमने।

आख़िर में रस्मन[190]
तेरी सलामती माँगी ख़ुदा से,
और दुआ में हाथ उठाया हमने।

तेरी ग़ैर-मौजूदगी [191]में ऐ साहिब-ए-दिल,
नया साल
कुछ इस तरह मनाया हमने।

---

190 रस्मी तौर पर
191 अनुपस्थिति

103. राब्ता

ख़ुदा से
राब्ता[192] बनाना पड़ा मुझे,

जबसे सुना है
उसकी तबीयत नासाज़[193] है,
दुआ में हाथ उठाना पड़ा मुझे।

मेरी आँखों को पढ़ना वो ख़ूब जानता है,
सो जबरन[194]
आँखों को झुकाना पड़ा मुझे।

तुम्हारे सिवा
किसी को नहीं चाहा है मैंने,
ये राज़ मजबूरन
तुमसे छुपाना पड़ा मुझे।

उसकी आवाज़ सुनकर बरसों बाद फ़ोन पर,
दिल की धड़कनों को
क़ाबू में लाना पड़ा मुझे।

उसकी भूलने की आदत
आज भी वैसी की वैसी है,
वक़्त पे दवा लेने का
याद दिलाना पड़ा मुझे।

---

192 संबंध

193 बिगड़ा हुआ / ठीक न होना

194 विवश होकर, मजबूरन

उसकी आँखें आज भी
मेरी जान से खेलती हैं,
जैसे-तैसे करके
ख़ुद को बचाना पड़ा मुझे।

उसकी एक आवाज़ से
दिल पत्थर से मोम हो जाता है,
उसके आगे मेरा जब्त-ओ-इख़्तियार [195]
कहीं खो जाता है।
मुश्किल है बहुत,
मगर ये सच अपनाना पड़ा मुझे।

---

195 संयम और नियंत्रण

104. पत्थर से बर्फ़

मैं लाख कर लूँ चाहे दिल को अपने पत्थर,
वो फ़क़त
एक बार मोहब्बत से मेरा नाम लेगा,
और दिल को एक पल भी नहीं लगेगा
पत्थर से बर्फ़ होने में।

वैसे इस बात पर मैंने कभी ग़ौर नहीं किया
कि आख़िर
उसकी आँखों में ऐसा क्या है,
जिसके आगे मेरे सारे तर्क,[196]
सारी ज़िद्दें
घुटने टेक लेती हैं।

ख़ैर, इसका जवाब
शायद
मुझे कभी मिल नहीं पाएगा,
क्योंकि मैं उसे कभी नहीं बताऊँगी
कि वो कितना ख़ास है मेरे लिए।

और ये भी नहीं
कि उससे ख़फ़ा होना
मुझे दुनिया का
सबसे मुश्किल काम लगता है।

वो मेरे दिल को पत्थर समझता है
तो समझे,
मगर ..

---

196 लॉजिक / कारण

मैं लाख कर लूँ चाहे
दिल को अपने पत्थर–
वो फ़क़त एक बार मोहब्बत से
मेरा नाम लेगा,
और दिल को एक पल भी नहीं लगेगा
पत्थर से बर्फ़ होने में।

105. शिकायत

फकत याद करने कि फुर्सत नहीं है
ये हरगिज़ न समझना मोहब्बत नहीं है

खुदा से खफा हूँ बहुत मैं मगर अब
मुझे तुमसे कोई शिकायत नहीं है

बिछड़ना बिखरना तड़पना यही है
मुहब्बत अज़ीयत[197]है इनायत [198]नही है

ले देकर सिवाए मुहब्बत के जानी
मुझे औऱ कोई बुरी लत नहीं है

तुझे याद करना खता है पता है
बिना इसके रहने की आदत नही है

रफाकत[199] मुहब्बत अमन के बिना अब
जहां को क़िसी की ज़रूरत नही है

197 दुःख, तकलीफ़, यातना

198 उपकार, मेहरबानी

199 निष्ठा, वफ़ादारी, एकता, मेल जोल, भाईचारा, संसर्ग, साहचर्य

106. इसरार

तेरा दर्द रहता रहा दिल में मेरे ता-उम्र,
आँखों की दहलीज़ को कभी पार नहीं किया।
कुछ तेरी यादों की भी ज़िद थी दिल में रहने की,
और फिर मैंने भी चले जाने पर इसरार[200] नहीं किया।

107. गुज़र गए

गुज़रने थे चंद पल जो फ़ुर्सत के,
वो तुम्हारे साथ ही गुज़र गए।
तुम्हारे बाद तो जैसे मेरे
दिल के सब अरमान ही गुज़र गए।

जिन लम्हों की छाँव तले
पनपे थे शजर हमारे इश्क़ के,
वो तमाम लम्हे जैसे
पलक झपकते ही गुज़र गए।

कहने को तो अभी भी ज़िंदा हूँ मैं,
मगर सच कहूँ तो तेरे जाते ही
मानो मेरे जिस्म से भी जैसे
रूह के परिंदे ही गुज़र गए।

---

200 बार-बार कहना

108. जाना-पहचाना

जाना-पहचाना लगता है

हर वो अजनबी जो
चेहरे पर अपने
एक झूठी-सी मुस्कुराहट का
नक़ाब लगाए घूमता है,

जो अपने हर एक दुख को हरा कर
आगे बढ़ जाने का
फ़ितूर दिल में छुपाए घूमता है,

जो बेशक टूट-फूट गया है भीतर से
बिल्कुल काँच की तरह,
मगर फिर भी कुछ कर जाने की
एक आग अपने अंदर जलाए घूमता है।

109. राहगुज़र-2

महज़ अल्फ़ाज़ों से
दिल के रिश्ते नहीं टूटते,
इश्क़ वाले रंग जब
दिल पर पड़ जाएँ,
वो इतनी आसानी से नहीं छूटते।

अभी तो मुश्किलें बहुत आएँगी
इश्क़ की राहगुज़र में,
यूँ छोटी-छोटी बात पर जानम,

ऐसे नहीं रूठते।

110. दौलत-ए-ग़म

हँसते-खेलते दिल को मेरे
वो यूँ तो बर्बाद कर गया,
जाते-जाते मगर
वो दौलत-ए-ग़म अपनी
मेरे दिल के नाम कर गया।

मेरी आँखों से नींद उड़ाने का
शायद उसको मलाल हुआ होगा,
सो जाते-जाते
वो मेरी बंजर आँखों में
सारा समुंदर भर गया।

111. आज़ाद

मैंने लाख चाहा मगर
ये कभी हो न सका,
जुदा होकर भी
तू मुझसे जुदा हो न सका।

लम्हा-लम्हा पलती है
तेरी यादें आज भी इस दिल में,
पंछी दिल का कभी
तेरी यादों के पिंजरे से
आज़ाद हो न सका।

112. दिल का जहाँ

फ़ितरत है दुनिया की
हर नायाब चीज़ को चुरा लेना,
इसीलिए शायद तुम्हें
बे-नाम सा एक राज़ बना रखा है।

जिसके बिना मेरी हस्ती
अधूरी-सी लगती है,
तुम्हें वो आदत-ओ-अंदाज़
बना रखा है।

अब अल्फ़ाज़ों में क्या इज़हार करूँ–
कि जिसकी धड़कनों से साँसें चलती हैं,
तुम्हें उसी दिल का जहाँ बना रखा है।

113. मुझे मोहब्बत तुमसे फिर एक बार करनी है

दिल नहीं भरा शायद दिल का मेरे,
कि मुझे मोहब्बत तुमसे फिर एक बार करनी है।

माना कि मुमकिन नहीं
टूटे से दिल का बार-बार टूटना,
कि टूटे-बिखरे टुकड़ों से ही सही,
मुझे मोहब्बत तुमसे फिर एक बार करनी है।

माना कि ग़लत है
पत्थरों से जज़्बातों की उम्मीद करना,
मगर ये ग़लती बार-बार करनी है–
मुझे मोहब्बत तुमसे फिर एक बार करनी है।

या तो हम एक बार फिर बिखर जाएँगे,
या इस बार तुम पिघल जाओगे।
अंजाम चाहे जो भी हो–
मुझे मोहब्बत तुमसे फिर एक बार करनी है।

115. दीदार

बहुत वक़्त हो चला है,
तेरा दीदार नहीं किया,
मगर ऐसा भी नहीं है
कि तुझे याद नहीं किया।

116. मौत

ज़िंदगी से ख़फ़ा हो जैसे,
तेरी पुरानी दोस्त हो जैसे–
ऐ मौत, मेरी रूह तुझे
इस क़दर गले से लगाए हुए है।

117. लकीर

जिसे चाहकर भी
वो बदल न पाए,
मैं भी चाहता हूँ
उसके हाथों की वो
इश्क़ वाली लकीर हो जाना।

118. वादों की किताब

इश्क़ की राहगुज़र में मारा-मारा फिरता हूँ,
एक तेरी तलब को दिल में लिए फिरता हूँ।

इश्क़ की सेज तूने भर दी काँटों से,
मैं हाथों में तेरा पहला गुलाब लिए फिरता हूँ।

जिन आँखों में कभी चैन की नींद रहती थी,
उन आँखों में तेरी तस्वीर लिए फिरता हूँ।

जिन वादों को तोड़ने में तूने ज़रा भी देर न लगाई,
हाथ में मैं तेरे वादों की किताब लिए फिरता हूँ।

जिस दिल में कभी सुकून रहता था, वो बेघर हो गया,
अब उस टूटे से दिल में तेरी यादों का मकान लिए फिरता हूँ।

बेशक लबों पर हल्की-सी मुस्कान रखता हूँ,
क्या बताऊँ किसी को–
कि दिल में दर्द का तूफ़ान लिए फिरता हूँ।

जिस इश्क़ पे बहुत नाज़ था कभी,
दिल पर उस नाकाम इश्क़ का दाग लिए फिरता हूँ।

तू क्यों बेवफ़ा निकला, क्या कमी रह गई थी मेरी मोहब्बत में–
एक अरसे से दिल में ये सवाल लिए फिरता हूँ।

119. सपने

सपने पूरे करने के लिए
रातों को जागना पड़ता है, साहब–

मुफ़्त में यहाँ कुछ हासिल नहीं होता

कुछ पाने के लिए
कुछ खोना पड़ता है, साहब।

कब कोई दिल को शीशा समझकर तोड़ दे–
कोई भरोसा नहीं होता,
थोड़ा तो पत्थर दिल होना पड़ता है, साहब।

मोहब्बत करना आसान नहीं होता,
हर मोड़ पर काँटे हैं –
काँटों से दामन जुगोना[201] पड़ता है, साहब।

टूट जाओ जो तुम,
तो कोई समेटे तुम्हें–ज़रूरी नहीं होता,
ख़ुद के टुकड़ों को फिर से
ज़िंदगी की माला में पिरोना पड़ता है, साहब।

---

201 बचा और सँभाल कर रखना

120. ढाल

ग़ैर जो वार करे

तो अपने ढाल बन जाते हैं,
मगर अपने ही जब ग़ैर बनें

तो रिश्ते सवाल बन जाते हैं।

साथ हो अगर हमसफ़र कोई,
मुश्किल रास्ते आसान बन जाते हैं।

मगर हमसफ़र गर यूँ आधे रास्ते में छोड़ दे हाथ,
ज़िंदगी के सारे रास्ते अज़ाब बन जाते हैं।

121. तन्हाई

बिछड़ कर भी न बिछड़ पाए हमसे,
कि उनकी यादें आज भी छुप-छुप कर
रात की तन्हाई में मिलने आती हैं।

122. हू-ब-हू

मैं देर तक देखूँ जो चाँद-सितारों को,
तेरा चेहरा हू-ब-हू उनमें दिखने लगता है।

मेरी मुस्कान के चर्चे हैं चार-सू यूँ तो,
मैं जो रोने पर आऊँ तो सैलाब डरने लगता है।

सालों लग गए दिल को पत्थर बनाने में, लेकिन
तेरी परछाईं देखकर ख़्वाब में पत्थर पिघलने लगता है।

सारा दिन ख़ुद को समेट कर रखने में निकाल देता हूँ,
वो कुछ लम्हों के लिए आता है ख़्वाब में–
और दिल ताश के पत्तों सा बिखरने लगता है।

123. याद-ए-यार

अब तो ज़माना हो गया बिछड़े हुए,
अब तो ख़्वाब में आना छोड़ दे।

मैं थक गया हूँ तेरी मुसलसल दख़ल-अंदाज़ी से,
अब तो मेरे ख़यालों में आना छोड़ दे।

हो गई एक ख़ता बेध्यानी में मुझसे,
माफ़ कर मुझे अब तो आज़माना छोड़ दे।

मिलना हो तो यार दिन के उजालों में मिला कर,
ये चुपके-चुपके रात का आना-जाना छोड़ दे।

जो लकीरों में नहीं होता,
उसी से तुझे दिल को मिलाना होता है–
ऐ ख़ुदा, बहुत हुआ ये खेल,
अब सताना छोड़ दे।

यूँ भी तेरे बिना ज़िंदगी सज़ा से कम नहीं,
ऐ याद-ए-यार, अब तो तड़पाना छोड़ दे।

रहना है तो सुकून से रह दिल में, ऐ साहिब-ए-दिल,
यूँ आए-दिन दिल में तलातुम उठाना छोड़ दे।

124. क़ुर्बत

सोच लिया है मैंने–
ख़ुद से तुझे दूर करना है,
कि तेरे बग़ैर जीकर मुझे
हर रोज़ थोड़ा-थोड़ा मरना है।

खालीपन से ख़ौफ़ आता है मुझे,
सो दिल का कमरा तेरी यादों से
भरना है।

अजीब हाल है दिल-ए-नादान का–
तुझसे दूरी भी बर्दाश्त नहीं,
और तेरी क़ुर्बत से भी डरना है।

बायोग्राफी

यह उनकी पहली पुस्तक है–एक ऐसा संग्रह, जो प्रेम और उन यादों की परछाइयों को समेटे हुए है, जो वक़्त और हालात के साथ भी फीकी नहीं पड़तीं, बल्कि भीतर कहीं और गहरी उतरती चली जाती हैं। यह उन एहसासों की भी कहानी है, जिनसे ज़िंदगी के किसी न किसी मोड़ पर हर इंसान कभी न कभी गुज़रता है। वे पेशे से चिकित्सा क्षेत्र से जुड़ी हैं, मगर लिखना उनके लिए महज़ एक शौक़ नहीं, बल्कि एक ज़रिया है–ख़ुद को समझने का, अपने एहसासों को पहचानने का, और उस दुनिया को महसूस करने का, जिसमें वे जी रही हैं। उनके लिए लेखन सुकून भी है और एक आईना भी, जिसमें वे अपने भीतर और बाहर की सच्चाइयों को बेहतर तरीके से देख और समझ पाती हैं।

बिब्लियोग्राफी

इस काव्य-संग्रह में प्रयुक्त उर्दू-हिन्दी शब्दों के अर्थ और व्याख्या के लिए **रेख़्ता डिक्शनरी** का उपयोग किया गया है जो उर्दू भाषा और साहित्य का एक विश्वसनीय एवं प्रतिष्ठित स्रोत है।

रेख़्ता डिक्शनरी (Rekhta Dictionary): https://rekhtadictionary.com

www.ingramcontent.com/pod-product-compliance
Lightning Source LLC
LaVergne TN
LVHW100322210926
848480LV00003B/1221
9798904315450